Seres prehistóricos

Dinosaurios: Espinas óseas y cuellos

Joanne Mattern

Consultora de lectura: Susan Nations, M.Ed., autora/tutora de alfabetización/consultora

WR WEEKLY READER
EARLY LEARNING LIBRARY

Please visit our web site at: **www.earlyliteracy.cc**
For a free color catalog describing Weekly Reader® Early Learning Library's
list of high-quality books, call 1-877-445-5824 (USA) or 1-800-387-3178 (Canada).
Weekly Reader® Early Learning Library's fax: (414) 336-0164.

Library of Congress Cataloging-in-Publication Data available upon request from publisher.
Fax (414) 336-0157 for the attention of the Publishing Records Department.

ISBN 0-8368-6016-0 (lib. bdg.)
ISBN 0-8368-6023-3 (softcover)

This edition first published in 2006 by
Weekly Reader® Early Learning Library
A Member of the WRC Media Family of Companies
330 West Olive Street, Suite 100
Milwaukee, WI 53212 USA

Managing editor: Valerie Weber
Art direction and design: Tammy West
Translators: Tatiana Acosta and Guillermo Gutiérrez

Illustrations: John Alston, Lisa Alderson, Dougal Dixon, Simon Mendez, Luis Rey

Printed in the United States of America

1 2 3 4 5 6 7 8 9 09 08 07 06 05

Mucho antes de que hubiera humanos, hubo dinosaurios y otros seres prehistóricos.

Esos animales vagaban por el mundo. Sus tamaños y formas eran muy variados. Algunos tenían garras o dientes afilados. Otros tenían espinas, largas colas o alas.

Este libro te presenta animales con espinas óseas y cuellos. Busca el rótulo con el nombre de cada animal.

Estegosaurio

Amargasaurio

Dinosaurios espinosos

Las espinas ayudaban a los dinosaurios a protegerse de los **depredadores** que querían devorarlos. ¡A un depredador no le gusta tener que masticar espinas! Las espinas sirven, además, como armas en una lucha contra otro dinosaurio.

¡Estos dinosaurios tenían muchas espinas! Dos filas espinosas les recorrían el lomo. Una fila de puntiagudas espinas sobresalía también de su cola.

Cabeza con cuernos

Los dinosaurios contaban con muchos otros medios para protegerse. Es posible que este dinosaurio golpeara a otros animales con su pesada cabeza. Un cuerno le sobresalía de la nariz, y dos más le crecían por encima de los ojos. Estos cuernos eran demasiado endebles para utilizarlos contra otros animales.

Ceratosaurio

Estegosáuridos

Las espinas del estegosaurio

Estos dinosaurios tenían espinas y **placas** en el lomo
y la cola. Las placas son grandes trozos lisos de hueso
que sobresalen del cuerpo de un animal. ¡Cuando
uno de estos dinosaurios agitaba su cola, las espinas
del extremo se convertían en un arma temible!

¿Corazas? ¡No, gracias!

Este dinosaurio estaba recubierto con una **coraza**. Una coraza es una armadura que protege el cuerpo de un animal. Una piel gruesa y desigual le cubría el lomo y la cola. De su cuello y hombros salían unas espinas largas y afiladas. Estas espinas protegían la cabeza de este dinosaurio. ¡Un depredador que mordiera a este animal se llevaría a la boca algo muy desagradable!

Sauropelta

Pequeño y espinoso

El cuerpo de este dinosaurio era de un tamaño similar al de un perro grande. A lo largo del lomo y la cola le crecían espinas. Dos espinas más grandes le salían de los hombros. Todas estas espinas hacían que a otros animales les resultara difícil atacarlo.

Cabezas espinosas

Todos los dinosaurios de este grupo tenían espinas
en la cabeza. Algunas eran pequeñas, y protegían
a los dinosaurios. Eran buenas armas en una lucha.
Algunos de estos dinosaurios tenían un gran
cuerno sobre el hocico.

Ceratópsidos

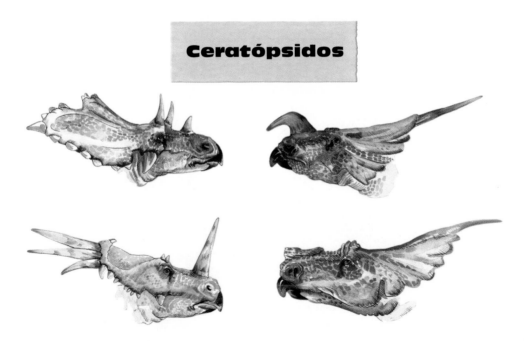

Una cara con tres cuernos

El nombre de este dinosaurio significa "cara con tres cuernos". ¡Este animal pesaba casi tanto como un elefante! Sobre sus ojos se elevaban dos largas espinas. La tercera era más corta y salía del hocico. Estas espinas, como las de otros dinosaurios, lo ayudaban a protegerse.

Triceratops

Plateosaurio

Largos cuellos

Los cuellos son también una parte importante del cuerpo de un dinosaurio. El cuello sostiene la cabeza. ¡El cuello podía incluso ayudar al dinosaurio a encontrar comida!

Estos dinosaurios comían hojas. Sus largos cuellos les permitían alcanzar la parte alta de los árboles para alimentarse.

Un bocado arriba y otro abajo

Este dinosaurio también estiraba el cuello para masticar hojas de árboles. Además, podía agacharse para comer hierba. Cuando buscaba comida, hacía girar su cuello trazando un gran arco.

Diplodocus

Huesos del cuello

Los huesos de los dinosaurios ayudan a los científicos a determinar qué aspecto tenían estos animales. En 1999, unos científicos hallaron cuatro huesos del cuello de este dinosaurio. Eran unos huesos muy grandes. Su tamaño permitió a los científicos calcular la longitud del cuello del dinosaurio.

Sauroposeidon

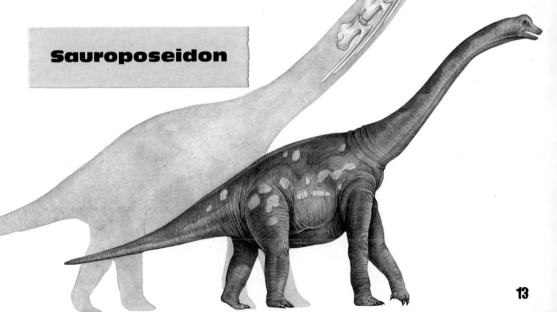

¡Del tamaño de un edificio!

Este dinosaurio era el más largo del mundo. ¡Los científicos creen que puede haber sido más grande que un edificio de tres pisos puesto de lado! Las partes más largas de su cuerpo eran el cuello y la cola. Hasta ahora, sólo se ha encontrado un esqueleto de este dinosaurio.

Seismosaurio

Dinosaurio grande, cuello ligero

¡Los científicos piensan que este dinosaurio pesaba lo mismo que cinco elefantes! Quizá sea el dinosaurio más pesado que se ha encontrado. Sin embargo, los huesos del cuello y la espina dorsal eran ligeros. Entre los huesos había grandes espacios, lo que le permitía mover el cuello, el lomo y la cola.

Nadadores de cuello largo

Muchos dinosaurios vivían en el agua. Este grupo de dinosaurios se caracterizaba por sus cuellos alargados. Esa forma larga y delgada facilitaba el movimiento en el agua. Además, el cuello les permitía atrapar peces para comérselos.

Serpiente marina

¡El cuello de este dinosaurio parece una larga serpiente! Sin embargo, no podía moverse tan bien como una serpiente. Los huesos de este animal indican que sólo podía mover el cuello de un lado a otro. No era capaz de levantar o bajar el cuello con facilidad.

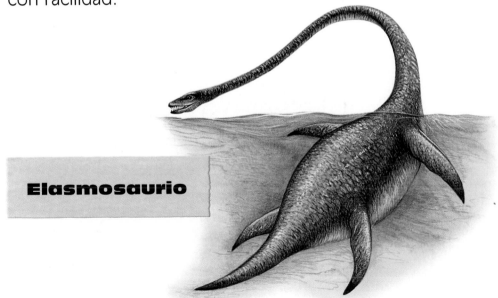

Elasmosaurio

Un cuello para pescar

El cuello de este dinosaurio tenía setenta y un huesos. ¡El cuello suponía más de la mitad del tamaño total del cuerpo! Este animal podía meter el cuello en un cardumen de peces, y atrapar los peces con la boca.

Elasmosaurio

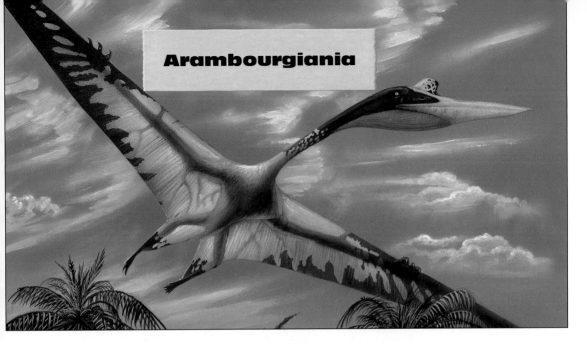

Arambourgiania

Volador de cuello largo

Algunos animales prehistóricos podían volar. Las alas de este reptil volador eran más anchas que tres autos colocados uno detrás de otro.

A los científicos les costó identificar las partes del fósil de este animal. Al principio, pensaron que los numerosos huesos del cuello eran los que sostenían las alas. ¡Luego se dieron cuenta de que tenía un cuello larguísimo!

Compsognatus

Dinosaurio pequeño, cuello largo

No todos los dinosaurios eran grandes. Éste era
aproximadamente del tamaño de una gallina. ¡Su
cuerpo era pequeño, pero tenía la cola y el cuello
largos! Para atrapar a sus presas estiraba su largo cuello.

Cuellos abultados

No todos los cuellos de dinosaurio eran largos y finos. El de este dinosaurio era grueso y pesado. Tenía que ser grande para poder sostener la enorme cabeza del animal. El cuello contaba, además, con fuertes músculos. Estos le permitían al dinosaurio abrir y cerrar sus poderosas mandíbulas. A un dinosaurio, el cuello le servía para muchas cosas.

Alosaurio

21

Glosario

arco — línea curva

armas — objetos que se pueden utilizar en una pelea

coraza — escamas o espinas que cubren el cuerpo de algunos animales y los protegen

depredadores — animales que cazan a otros animales para comérselos

esqueleto — conjunto de huesos que soportan y protegen el cuerpo

fósiles — restos de un animal o planta que vivió hace millones de años

hocico — parte delantera de la cabeza de algunos animales

identificar — decir qué es algo

músculos — partes del cuerpo que tiran de los huesos para moverlos

presa — animal que se caza para comer

Más información

Más libros para leer

Dinosaurios cornudos. Conoce a los dinosaurios (serie).
Don Lessem (Lerner Publications)

El autobús mágico en tiempos de los dinosaurios.
Joanna Cole (Scholastic)

Escenas de la prehistoria. Busca que te busca (serie).
Jane Bingham (Usborne)

Los dinosaurios. Busca que te busca (serie). Rosie Heywood
(Usborne Books)

Los dinosaurios mas pequeños. Conoce a los dinosaurios
(serie). Don Lessem (Lerner Publications)

Los dinosaurios son diferentes. Libros de ciencia para leer
y descubrir (serie). Aliki (Editorial Juventud)

Índice

Información sobre la autora

Joanne Mattern ha escrito más de 130 libros para niños. Sus temas favoritos son los animales, la historia, los deportes y las biografías. Joanne vive en el estado de Nueva York con su esposo, sus tres hijas pequeñas y tres gatos juguetones.